専門家たちが語る
防災意識を高める本 1

地震と津波

著・稲葉茂勝 子どもジャーナリスト
編・こどもくらぶ

巻頭特集

30年以内に巨大地震がやってくる？ 確率は、70％！

右ページを先に読んでください。

「釜石の奇跡」の立役者といわれた片田敏孝先生

　片田先生は、現在、東京大学大学院情報学環特任教授で、前・日本災害情報学会会長です。専門は、災害情報学・災害社会工学。下の絵と文章は、片田先生が3.11のあとに監修した児童書のものです。

　2011年3月11日。グオーオーンという地鳴りが聞こえたかと思うと、ぐらぐらドシーン。窓ガラスがわれ、天井材が落ちてきました。
　みんなはすぐにつくえの下にもぐりこみました。いつもの訓練のとおりですが、とうとう実際のことになってしまいました。
　しばらくしてゆれがおさまると、先生が「津波がくる、にげるんだ！」とさけびました。みんなは、高台に向かって一目散。途中、みんなは口ぐちに、「津波がくる」「にげて！」「はやく」とさけびながら、指定されていた高台の避難所まで走りました。ただならぬ子どもたちのようすを見て走りだす人たちもたくさんいました。
　津波は信じられない大きさ。
　避難場所の裏手のがけは、くずれそうになっています。それを見た男子のひとりが「もっと上へ上がろう」とさけびました。
　ふりかえって見ると……。空はもうもうと土けむりが立ちこめていました。いつも見えている海がまったく見えません。まちじゅうあとかたもありません。八百屋のおじさんも理容店のおばさんも、漁師のお兄さんも、みんな黒い水に追いつかれていなくなりました。
　そのときです。幼稚園からにげてきた小さな子どもたちとばったり。生徒たちは小さい子の手を引き、男子が幼児数人の乗るベビーカーをおして走りだしました。

現代の科学は、日進月歩。地震の研究もどんどん進んでいます。でも、どんなに科学が進歩し技術が発達しても、地震の発生を食いとめることはできません。わたしたちにできるのは、地震の被害を減らすようにすること。自分の命は、自分で守ること。ここでは、地震の被害を減らす努力をしてきたふたりを紹介します。ひとりは、大津波におそわれながらもある中学校の子どもたち全員が生きのびたという「奇跡」を生みだした大学の先生。もうひとりは、「防災士」の資格を最年少で取った小学2年生です。

「釜石の奇跡」と片田先生

全国各地で防災教育を展開している片田先生。

左に記したようなことが、実際に岩手県釜石市で起こったのです（→P23）。テレビやラジオで全国に報じられ、「釜石の奇跡」といわれました。その学校をふくめて、釜石市の防災指導をしていたのが、片田先生でした。

でも、片田先生は「けっして奇跡ではありません。日ごろから学校で、津波に備えて訓練を重ねていた成果です」といっています。

さらに、片田先生は「避難の三原則」として、つぎの3つをあげています。

①想定にとらわれるな。
②これでだいじょうぶと思わず、そのときできる最善の行動をとる。
③どんどんみんなでにげることで、まわりの人にも注意をうながす。

『3.11が教えてくれた防災の本②津波』
かもがわ出版、2012年

　うしろからおじいさんのからだをささえて走る女子も。2人でおばあさんの手を引く生徒もいました。
　津波がくるまでにはまだ時間がありそうでしたが、津波は予想をこえて、すごいスピードで近づいてきます。すぐ近くまでおしよせていることが、土けむりと轟音でわかりました。
　間一髪で、事なきを得たのです。
　子どもたちも、まちの人たちも、先生も、いっしょににげた人たち、みんな恐怖におびえました。
　みんなが無事に避難して間もなく、みんなが住んでいたところは、完全に波にのみこまれました。

「防災について家族や学校のみんなで話しあって、いざというとき、どうすればよいかを決めておくことが重要。今後やってくるかもしれない大災害に備え、みんなが共通の考えをもち、おたがいの絆を深めてほしいと願ってやみません」と、片田先生。

小学1年生で防災士の試験に合格した市野蒼さん

「防災士」とは、「社会のいろいろな場で防災力を高めるための知識・技能を修得したことを、日本防災士機構が認証した人」をさします（→p29）。防災士になるには、むずかしい試験に合格しなければなりません。栃木県鹿沼市の小学校に通う市野蒼さんは、その試験に小学1年生のときに見事合格！

市野さんは、どうして防災士になろうと思ったのでしょうか。

そう話してくれた市野さんは、1年生のときに鹿沼市が開催している「防災士養成研修講座」に参加。主催者もほかの受講生もびっくりしたようです。大人の受講者に交じって300ページをこえる教本（大人向けの内容で漢字だらけ）を読んでレポートなどの課題を提出。その後試験に合格し、防災士として登録されました。

「どうして大人向けの講座を受講して、大人しか受けていない試験に合格できたんですか？」と、市野さんに問うと、

「ふだんから図書館で地震や津波、豪雨、火災などの本を借りて読んでいました。防災士の試験勉強にも本から学んだことがいっぱいありました」と答えてくれました。

▲2024年3月、全国最年少の7歳で防災士に合格した市野蒼さん。

「ぼくは小さいころからずっと消防車が大好きで、消防士さんのしごととか災害をなくすことなどに興味がありました。年長のとき、池袋防災館に行き、東日本大震災の釜石の奇跡（→p2）を紹介するビデオで、中学生が率先して避難したというところにとっても感動しました。それが、防災士になりたいと思ったきっかけでした」

▲市野さんが手にとっている本は、『現場で働く人たちシリーズ②災害現場』。何度も借りて読みかえしてきたという。

巻頭特集

つぎに「防災のために取りくんでいることはありますか？」と聞くと、こんなふうに話してくれました。
「地震や水害、火災に備え、手づくりの防災マップをつくりました。まちじゅうを歩いて、危険な場所、たとえば、背の高いブロックべいや河川を調べたり、避難所や消火栓などの場所を探したりしました」つづけて、
「ぼくは2年1組の防災係をしています。もともとクラスに防災係はなかったのですが、ぼくたちがつくりました。いま雷の防災訓練のためにみんなで準備をしています！ 地震や火事の防災訓練はひんぱんにおこなうけれど、栃木県は雷が多いところなのに雷の訓練はないと気づいたからです」。

Q1 市野さんは巨大地震がこわくないですか？

とてもこわい。地震のゆれが大きいほど、津波も大きくなるかもしれません。津波はもっと心配です。
地震がいつ起きても対応できるように、家では防災セットを準備しています。食料品もたくさん備えています。家がこわれなければ、「在宅避難*」をするためです。
＊災害発生時、自宅に火災や倒壊、浸水などのおそれがなく、身の安全が確保できる場合に、自宅で避難生活を送ること。

Q2 地震のほかに、こわいと思う災害はありますか？

水災害もこわいと思います。家の近くに川が流れているので、大雨がふった場合に氾濫する可能性があるからです。ハザードマップを見ると、家の前がちょうど、浸水が止まるか止まらないかのぎりぎりのところ。やっぱり豪雨はこわいです。

Q3 友だちと災害や防災について話しますか？

防災士になってから、防災について話す機会がふえました。友だちに質問されることも多くなりました。図を使って説明したり、クイズを出したりして伝わりやすいように話すことを心がけています。

Q4 みんなにいちばんいいたいことはなんですか？

災害が起こる前に避難してほしいです。なぜなら、災害が起こってからではどうにもならないので、だれかが避難したから避難するのではなく、自主的に避難してほしいからです。

Q5 将来の夢はなんですか？

いっぱいあります。消防士、フライトドクター、フライトナース、救急救命士、気象予報士、気象研究官……。しぼりきれません。

◀実際に鹿沼市を歩きまわって撮影した避難場所（→p19）や消火栓などの写真がのっている防災マップには、クイズものっている。それは、見る人を意識した工夫だと説明する市野さん。
▼防災士の教本（→p29）。

はじめに

日本は、世界でも災害がとても多い国です。それも地震、台風、火山噴火など、さまざまな災害におそわれます。「災害列島」とよばれているほどです。

その日本にくらすわたしたちは、災害から命を守るために常日ごろから、いつ・どこで起こるかわからない災害に備えておかなければなりません。

政府や災害の専門家は、つぎのようにいっています。

> ● 南海トラフ周辺で今後M（マグニチュード）8.0〜9.0の巨大地震が発生する確率は、10年以内では「30％程度」、30年以内では「70〜80％程度」、50年以内では「90％程度もしくはそれ以上」（地震調査委員会、2024年1月）。
>
> ●「過去10年間に約98％の市町村で水害・土砂災害が発生した」「地下空間の利用が進んでいる大都市の駅前周辺等では、地下施設への浸水被害が生じるなど、水害リスクが高まっている」（国土交通省）。
>
> ●「富士山は、いつ噴火しますか？」といった質問に対し、専門家の先生が「いつ噴火するか、予測するのはとてもむずかしいです。人がいつかぜをひきますか、という質問と少しにています」と、答えた（吉本充宏さん→3巻p2）。

このような話は、みんなも聞いたことがあると思いますが、多くの人は、つぎのように感じているのではないでしょうか？

「自分には関係ない」　「まだだいじょうぶ」　「心配してもしょうがない」

しかし、そういっているうちにいまにも、災害がおそってくるかもしれません。そういわれても、みんなの防災意識は高まらないのが現状です！！

「防災意識」とは「災害に対して日常的に自らが被災することや備えが必要だということを、どの程度わかっているか、また、自分や周囲の人の命や財産、地域を自分たちで守らなければならないことを、どれほどわかっているか」をさす言葉です。

では、政府や各方面の専門家が、いくら災害の危険性を警告しても、みんなの防災意識が一向に高まっていかないのは、なぜでしょうか？ どうしたらよいのでしょうか？
　ぼくたちは、こう考えました。

　防災意識の高い人たちが、個人的にどう感じて、どう災害に備えているかを、みんなに知ってもらえば、「自分たちも同じようにしなければならない」と、思うようになるのではないか。専門家といっても、個人の考えや意見を直接聞くことができれば……。ぜひ、個人的な考えをお聞きしたい！
　そうしてつくったのが、全3巻のシリーズです。

①地震と津波　②豪雨と水害　③火山と火災

　さあ、このシリーズをしっかり読んで、みんなでいっしょに防災意識を高めていきましょう。いますぐ！　自分の命とくらし、地域を守るため！

子どもジャーナリスト
Journalist for children　稲葉　茂勝

もくじ

⑳頭特集 30年以内に巨大地震がやってくる？ 確率は、70%！…2

● 「釜石の奇跡」の立役者といわれた片田敏孝先生……………… 2
● 「釜石の奇跡」と片田先生…………………………………… 3
● 小学1年生で防災士の試験に合格した市野蒼さん………… 4

はじめに（子どもジャーナリスト 稲葉茂勝）…………………… 6
もくじ ……………………………………………………………… 8
この本の使い方 …………………………………………………… 9

地震と地震の二次災害

1 ① 地震の防災を考える前に ……………………………… 10
● 地震のおそろしさ　● 地震大国・日本 ………………… 10
● 地震の二次災害 ……………………………………………… 12

大陸は動いている！ …………………………………………… 14

1 ② 地震に関する防災のようすを見てみよう！ ………… 16
● 地震活動の監視と観測　● 考えるとどんどんこわくなる！ … 16
● 気象庁の地震防災の考え方　● あわてないための第一歩 … 17
● 地震から身を守る行動の具体例 ………………………… 17
● どこで地震にあっても ……………………………………… 18
● 火災が発生したら　● どこに避難したらよいのか？ …… 19

津波の災害

2 ① 津波の防災を考えよう！ ……………………………… 20
● 津波とは　● 津波のおそろしさ ………………………… 20
● 東日本大震災の巨大津波　● 東日本大震災をこえる津波がくる？ …… 21
2 ② 津波の防災のようす ……………………………………… 22
● 気象庁の「津波予報データベース」 ……………………… 22
● 津波から身を守るには　● 「津波の心得5か条」 ……… 23

防災現場の最前線で働く人からのメッセージ

3 気象庁地震火山部管理課　石橋 桜さん ………………… 24
東北大学災害科学国際研究所　今村文彦さん ………………… 25
JAMSTEC（海洋研究開発機構）　有吉慶介さん …………… 26
東京都総務局総合防災部防災計画課　鬼澤りかさん ……… 27
串本町総務課防災・防犯グループ　新谷和紀さん、釜石市教育委員会　和田智恵さん… 28

防災士になるには ……………………………………………… 29
用語解説 ………………………………………………………… 30
さくいん ………………………………………………………… 31

8

この本の使い方

この本は、もくじからわかるとおり3つの段階で構成しています。
この3段階を意識して読んでいきましょう。

災害について正しくこわがること

写真や図を見て、災害のおそろしさをしっかり確認してください。そして、ただこわがるだけでなく、正しい知識をつけることで「正しくこわがる」ようにしましょう。

防災現場を見てみよう

防災現場で働く人たちのようすを見て、その人たちが日々どのようにして防災につとめているかを理解してください。かれらは、防災のプロたちです。

防災現場で働く人たちの話を聞こう

防災現場で働く人たちが、災害についてどう考えているか、また、みんなへのアドバイスを話してくれました（巻頭や本文のところどころ、また、24ページからまとめて掲載）。しっかり耳をかたむけ、みなさん自身の防災意識を高めていきましょう！

1 地震と地震の二次災害

① 地震の防災を考える前に

この本の巻頭特集を読んで津波の話が最初にくるの？
と思った人もいるのではないでしょうか。
地震はとてもおそろしい災害です。
津波もやってきますし、
なんといっても火事がこわい！

▶1995年の阪神・淡路大震災のゆれ
により、635mにわたって横だおしに
なった阪神高速道路。

地震のおそろしさ

地震は地震そのものだけでなく、地震のあとに津波や火災が起こることで、おそろしさが増大します。電気、ガスなどのインフラ（→p13）の機能が停止したり、携帯電話がつながらなくなり、インターネットも接続ができなくなるといった二次災害（→p12）が発生します。余震（→p13）も二次災害です。

ということで、地震の防災を考えるには、二次災害も視野に入れておかなければなりません。

地震大国・日本

わたしたちがくらす日本は、世界有数の地震多発国。「地震大国」といわれています。

2011〜2020年の10年間に、全世界で起きた M（→p30）6.0以上の地震の17.9%が、日本周辺で発生したという資料があります。24時間、365日どこで起きるかわかりません。

地震によって発生する災害のうち、地震が直接的な原因の災害を、「一次災害」といいます。一次災害の例は、右のとおりです。

●建造物の倒壊

　一次災害のなかで、もっとも多いのが、家やビル、橋などがたおれたりくずれたりする建造物の倒壊だ。地震の犠牲者の大部分は、地震発生直後、建造物の倒壊により亡くなっている。

　建造物が倒壊する最大の原因は、地震によるはげしいゆれ。震度（→P30）が大きければ大きいほど、多くの建造物が倒壊する。また、震度だけではなく、その建造物があるところの地盤の状態によっても、建物の倒壊状況はかわる。地盤がやわらかくて弱いところでは、大きな地震が起こると、多くの建物が倒壊する。

●地すべり

　大きな地震によって、山や丘などの斜面の地表が下の方向へズルズルと動きだすことがある。それが「地すべり」。地すべりは、大雨や長雨、雪どけなどによっても起きるが、雨によるものの多くが急な斜面で起きるのに対し、地震によるものは、ゆるやかな斜面でも発生する。しかも、規模が大きく、すべり落ちる速度もはやくなるため、遠くにまでおよび、被害が大きくなることがある。

●液状化現象

　「液状化」とは、大きな地震が起きたとき、地盤が砂の土地で起きる現象。砂の地盤は大きなゆれを受けると、地下水と砂が分離して、水がふきあがり、地盤が液体のようになってしまう。結果、砂まじりの水が地表にふきだし、地面がひびわれたりくぼんだりしてしまう。すると、建物がかたむいたり、マンホールや水道管などが地表にうきでたりする。

地震の二次災害

ここでは、二次災害を火災、インフラ、余震の順に見ていきます。

ただし、津波については、20ページの **2** を読んでください。

■火災

「二次災害」とは、一次災害につづいて起こる災害のことです。そのなかで、もっともおそれられているのが、火災だといわれています。津波は、とてもおそろしいですが、発生地域がかぎられているため、ここでは火災を先に記します。

1923年に起きた大正関東地震（関東大震災）では、巨大地震が正午前に発生しました。

昼食の準備をしている家が多かったこともあって、火災が多発。東京市（現在の東京23区の一部）では、22万棟もの建物が焼失し、その面積は、市全体の半分近くになりました。また、東京市の関東大震災による死者全体（約6万9千人）の95％が、火災によるものでした。

現代の地震でも断水が起きたり消火栓がこわれたりした地域では、火災が発生すると消火困難となり、どんどん延焼してしまいます。倒壊した建物や電柱、樹木、動けなくなった自動車などにより、道路が大渋滞。消防車がとおれなくなることも多くあります（→3巻p24）。

▲阪神・淡路大震災で発生した火災のようす。

▼関東大震災で発生した火災により、火事で焼けてしまった東京駅周辺のようす。

▶関東大震災では、東京だけでなく横浜でも火災の被害があった。

■インフラ（ライフライン）の寸断

「インフラ」とは、インフラストラクチャ（infrastructure）の略語で、電気・ガス・上下水道など、わたしたちが生活をしていくうえで必要不可欠な社会・産業の基盤となる施設・設備を意味する言葉です。

インフラが破壊されると、わたしたちの生命にも影響がおよぶことから「ライフライン（→P30）」ともよばれています。これには、人やものを運ぶための道路や鉄道もふくまれます。大きな地震が起こると停電や断水が起き、電話も通じなくなります。道路にひびわれやくぼみができたり線路が曲がったりするので、公共の交通機関もストップしてしまいます。これが「ライフラインの寸断」です。

▲東日本大震災の直後、給水車には水を求める人びとの行列ができた（宮城県利府町）。

■余震

「余震」とは、「本震（→P30）」とよばれる大きな地震が起きたあとに、つづいて起きる地震のこと。本震の直後に発生して、時間が経過すると少なくなっていきます。余震は、本震と同じ程度のゆれを感じる大きなものから、体に感じない小さなものまであります。

地震後も避難所での生活が求められるのは、ライフラインが寸断され、自宅での生活が困難という理由のほか、余震により、本震ではくずれなかった建物がくずれたり火災が発生したりする可能性があるからでもあります。

余震が二次災害とされるのは、このためです。

東日本大震災の余震

東日本大震災における本震は、2011年3月11日14時46分、三陸沖の深さ24kmを震源として発生したM9.0の巨大地震だった。

この地震によって宮城県栗原市で震度7を観測したほか、宮城県、福島県、茨城県および栃木県の4県37市町村におよぶ地域で震度6強を観測。海溝型地震でM9.0は日本観測史上例を見ない大きさであり、発生した津波の規模は、過去の想定をこえた大きなものといわれている。

その余震は本震後の約1年間（2012年3月8日まで）で、M7.0以上が6回、M6.0以上は97回、M5.0以上は599回発生した。

右の表は、気象庁が発表した、直後に発生した余震。

発生時間	震度	震源	M
14時51分	5弱	福島県沖	6.8
14時54分	5弱	福島県沖	6.1
14時58分	5弱	福島県沖	6.6
15時06分	5弱	岩手県沖	6.5
15時08分	5弱	岩手県沖	7.4
15時12分	5弱	福島県沖	6.7
15時15分	6強	茨城県沖	7.6
16時28分	5強	岩手県沖	6.6

出典：平成24年3月8日気象庁の報道発表資料より

大陸は動いている！

世界地図を見るとわかるとおり、現在の地球には、6つの大陸があります。でも、2億年から3億年ほど前には、「パンゲア大陸」とよばれる大陸がひとつしかありませんでした。それが気の遠くなるような長い時間をかけて6つにわかれたのです。

地球の構造

地球の内部は、地殻（プレート→右ページ）・マントル・核（内核・外核）からできています（下のイラスト）。

- ▶地殻：地球の外側の部分
- ▶マントル：地殻の下側にある1000℃以上もの高温の岩石
- ▶核：地球の中心部にあり、その温度が6000℃から7000℃になっている部分

核（外核）のまわりにあるマントルでは非常にゆるやかな熱対流が起きていると考えられています。その流れが、地殻に力をおよぼして大陸を移動させているのです。

パンゲア大陸が6つの大陸にわかれたのも、そのためです。

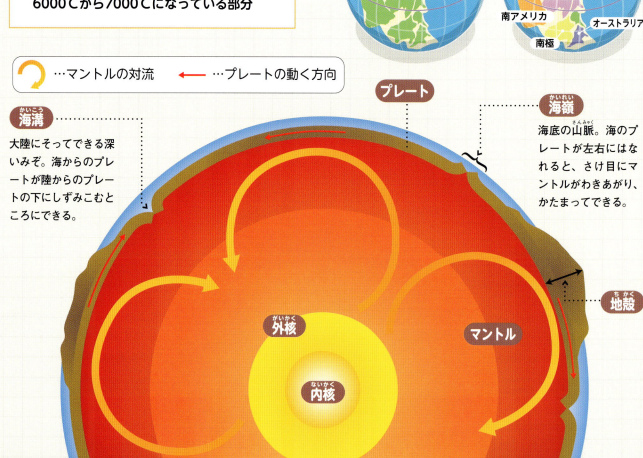

…マントルの対流　←…プレートの動く方向

海溝
大陸にそってできる深いみぞ。海からのプレートが陸からのプレートの下にしずみこむところにできる。

プレート

海嶺
海底の山脈。海のプレートが左右にはなれると、さけ目にマントルがわきあがり、かたまってできる。

外核／内核／マントル／地殻

地殻とプレート

「プレート」とは、地殻＋マントルの最上部をさします。地表から、厚さが海洋地域で約5km、大陸地域で、約30kmのはんいです。

プレートは、十数枚あるとされています。そしてそのすべてが、大陸が移動しているのと同じように非常にゆっくり動いています。

日本をはじめ、世界各地で起きている大地震にはプレートの移動によって起きるものがあります（プレート境界型地震）。

プレートとプレートの境界付近のほぼ同じ場所で、しかも百年から数百年の間かくで大きな地震が起きているのは、一方のプレートが、もう一方のプレートの下にもぐりこむように移動しているからです。

そのようすを図にすると、こうなります。

日本付近では、4つのプレートがあります。それぞれの境界が日本列島とその周辺にあることから、日本は世界的に見ても多くの地震が発生する地域となっています。

● プレートによって起きる地震

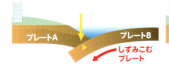
Bのプレートが1年間に数cmずつAのプレート方向に移動し、その下にもぐりこむ。

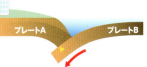
もぐりこむBのプレートにより、Aのプレートの先端部は引きずりこまれ、ひずみがたまっていく。

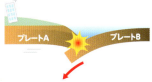
ひずみが限界に達すると、Aのプレートが元にもどろうとするためにはねあがり、地震が発生する。

● 日本周辺のプレート

活断層によって起きる地震

地震は、プレートの境界で起きる地震だけではありません。活断層によって起きる地震があります（活断層型地震）。

「断層」とは、大地がずれる現象のことです。「活断層」は、約200万年前から現在までに動いた断層のなかで、ずれ動くことが今後も予想されているものをいいます。日本には、活断層が2000ほどあるとされています。活断層がずれることで、地震が発生します。

活断層型地震の例としては、阪神・淡路大震災（1995年）、新潟県中越地震（2004年→写真）、熊本地震（2016年）、大阪府北部の地震（2018年）、北海道胆振東部地震（2018年）などが知られています。

▲2004年、新潟県中越地震の強いゆれにより脱線した上越新幹線「とき325号」。

1② 地震に関する防災のようすを見てみよう！

地震による被害を防止・軽減しようと、防災に取りくむ人たちがいます。巻頭特集で紹介した片田先生のような専門家もいれば、市野さんのような一般の人もいます。ここでは、「気象庁」の人たちの取り組みを見ていきます。

地震活動の監視と観測

　地震は、膨大な地球のエネルギーによって起きるため人間の力では防ぐことができません。しかし、地震によって起きる災害は、日ごろの備えがあれば、ある程度は、防ぐことができます。国が取りくんでいる地震活動の監視と観測がその典型です。

　地震活動の監視と観測にかかわる国の機関には、気象関係の業務を担当する気象庁、国土の測量や地形図の作成などをおこなう国土地理院、地震をはじめとした災害による被害の軽減などの研究をおこなう防災科学技術研究所などがあります。また、全国のおもな国立大学でも防災の研究をおこなっています。

考えるとどんどんこわくなる！

　「南関東域で30年以内にM7クラスの地震が発生する確率：70％程度」と地震調査委員会から発表されたのは、2004年でした。それからもう20年が過ぎました。2004年で「M7クラスの地震が発生する確率：70％程度」ということなら、2025年には、70％という数字がもっと高くなっているのかと、思ってしまいがち！

　専門家のしめす確率というのは、複雑な研究から導きだしているのでしょうが、みんなの気持ちとしては、30年以内が10年以内になる現在はどうなの？　いつくるのか？　きたらどうしようと、不安がどんどん増してしまいます。

地震観測網

　気象庁では、地震観測で得たデータや、防災科学技術研究所、国立大学などからくるデータをまとめるしくみをつくっている。それが、全国で約15〜20kmごとにおよそ1200点に設置された「地震観測網」。人間が感じないようなかすかなゆれを感知することで、地面の動きや断層の活動などを調べている。その観測データをもとに地震活動の監視をおこなっているのだ。地震調査委員会が2004年に発表した「30年以内に……」という発生予測確率も、これらのデータを参考にしてつくられたものだった。

気象庁の地震防災の考え方

　気象庁では、地震から身を守るために、ことあるごとにつぎのようにいっています。

　日本は、世界有数の地震大国で、これまで多くの地震や津波による災害を経験してきました。たとえば、平成28年の熊本地震において、最大震度7の地震が2度発生したほか、一連の活発な地震活動によって、甚大な被害を受けました。大きな被害をもたらす地震は特定の地域にかぎって発生しているわけではなく、全国各地で発生しています。大きな地震によって強いゆれとなった地域では、引きつづく地震活動で家屋などが倒壊したり、落石やがけくずれなどの土砂災害が発生しやすくなったりします。

　気象庁は、このような地震災害を防止・軽減するために緊急地震速報（→右の図）、地震情報、長周期地震動に関する観測情報、南海トラフ地震関連情報等を発表し、注意や警戒をよびかけています。突然おそってくる地震から身を守るためには、これらの情報を理解し、迅速な避難（安全確保）および日ごろからの備えをおこなうことが重要です。（引用：気象庁ホームページ）

あわてないための第一歩

　地震のゆれというのは、発生した場所、発生条件によって大きくことなります。そのゆれ方について知っておくことこそ、地震の際にあわてないための第一歩です。

- いきなりドシーンとたてにゆれたときは、直下型地震の可能性が高い。震源が近いと考えられる。
- 大きな横ゆれがいきなりきたときは、震源は直下ではないが、かなり近いと考えられる。一方、ゆっくりとした横ゆれの場合は、震源は比較的遠く、ゆれがだんだんと伝わってきていると考えられる。
- カタカタとゆれはじめ、そのままおさまれば、地震の規模は小さい。だが、カタカタとしたゆれのあとしばらくして強いゆれがはじまった場合は、震源は遠いものの、大きな地震である可能性が高い。

出典：『3.11が教えてくれた防災の本①地震』（片田敏孝監修、かもがわ出版）

緊急地震速報のしくみ

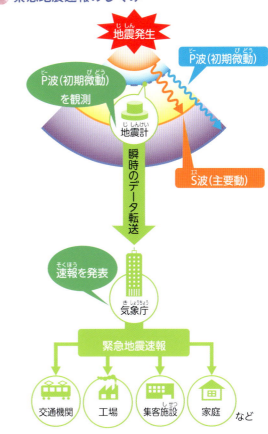

地震から身を守る行動の具体例

　気象庁のホームページでは、みんなが準備しておく地震対策を、わかりやすく図でしめして発表しています。

●室内の備えのイメージ

●**安全スペースの確保**
室内になるべくものを置かない「**安全スペース**」（ものが落ちてこない・たおれてこない・移動しない空間）をつくっておきましょう。

●**備蓄・非常持ち出し品の準備**
非常時の水・食料の備蓄や、非常用持ち出し品を準備しておきましょう。

●**連絡手段の確認**
地震が発生したときの連絡手段や集合場所について、**あらかじめ家庭で話しあっておきましょう**。

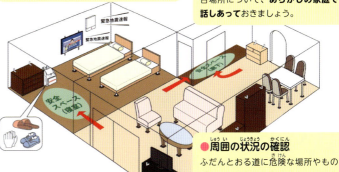

●**訓練に参加しよう**
本当に地震が起こったときに、あわてずに身の安全をはかることができますか？ **積極的に訓練に参加**しましょう。

●**周囲の状況の確認**
ふだんとおる道に危険な場所やものがないか確認しておきましょう。また、地盤のゆるんだ場所では、降雨などにより土砂災害が発生することがあります。前もって周囲の状況を確認しておきましょう。

出典：気象庁ホームページ（資料：東京消防庁）

どこで地震にあっても

17ページでは、自宅にいて地震にあったときの地震対策を見ました。

つぎは学校の帰り道、バスや電車のなか、地下街など、どこで地震にあったかによって避難の仕方がかわり、その対策もちがってきますので、場合にわけてまとめておきます。

● **学校の帰り道**：建物からできるかぎりはやくはなれる。ランドセルで頭を守る。ブロックべいや自動販売機もたおれることがある。近よらないようにしよう。

● **地下街**：大きな地震の場合、停電することがある。暗闇ではその場を動かず、非常灯がついたら、「非常口」の明かりをたよりに外をめざすのが一般的。

● **コンビニやスーパー**：地震のゆれでたなから商品が飛びだしてきたり、たながたおれたりする。たなからはなれること。もっているもので頭を守ること。いきなり外に飛びだすのは危険。

● **バスや電車**：公共交通機関は大きなゆれを感じたらすぐに停止。電車の場合は、車両のなかにいるほうが安全といわれている。バスは道路の左側に停車することになっている。運転士の指示にしたがうのが原則。

● **映画館など**：ゆれが大きい場合、天井からなにかが落ちてくることがある。頭を守ること。係の人の誘導にしたがって落ちついて避難すること。けっして走ってはいけない。

● **エレベーター**：マンションなどのエレベーターは、たいてい地震のゆれを感知すると自動的に近くの階に停止してドアが開くようになっている。しかし、自動停止装置が備えられていないエレベーターでは、エレベーターをいちばん近い階に止める必要がある。万が一とじこめられたら緊急連絡用のインターホンで連絡。連絡がとれなくてもあきらめずに。

避難の合言葉

地震のときの避難の合言葉に「お・は・し・も」がある。「おさない」「走らない」「しゃべらない」「もどらない」。おしたり走ったりすると、たおれたりして大混乱になってしまう。

避難するときは、「お・は・し・も」を心のなかでくりかえすだけでも心が落ちつく。火事や津波などの異変に気づいたらみんなに知らせるために「さけぶ」ことが大切（→p2、3）だとされている。

地震と地震の二次災害

火災が発生したら

地震のあとに火事が発生することが多くあります。地震の死亡者は火事によることが多いといわれています。

その火事でこわいのが、けむりにまかれること。このことは、絶対にわすれてはなりません。

このページで紹介するのは、消防庁からの「お知らせ」です。地震の際の火災対策がよくまとまっているので、見てみましょう。

出典：消防庁ホームページ

どこに避難したらよいのか？

地震発生時、どこにいたかによって避難場所がことなります。避難場所には「一時避難場所」「広域避難場所」があります。それぞれのとくちょうは、右のとおり。

近年、まちのあちこちに「避難場所」という表示板があります。自宅に帰れない場合には、その指定された避難場所へいくことになります。または、通っている学校へいくことがよい場合もあります。いずれにしても、避難場所は、日ごろから家族でちゃんと確認しておくことが必要です。家族みんなで、実際に避難場所まで歩いてみるとなおよいでしょう。

- ●一時避難場所：地震によって津波や火災などが発生した場合、一時的に避難し、ようすを見ながら情報を得る場所。近くにある広場や公園などが指定されている。
- ●広域避難場所：地震などによって発生した火災が拡大したときに、熱やけむりなどから住民の安全を確保するために設けられた場所で、大規模な公園などが指定されている。

19

2① 津波の防災を考えよう！

津波の災害

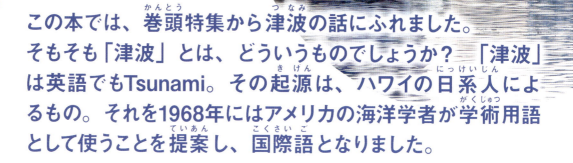

この本では、巻頭特集から津波の話にふれました。そもそも「津波」とは、どういうものでしょうか？「津波」は英語でもTsunami。その起源は、ハワイの日系人によるもの。それを1968年にはアメリカの海洋学者が学術用語として使うことを提案し、国際語となりました。

津波とは

海底の下の浅いところで大きな地震が起こると海底の地盤がふくれあがったりへこんだりします。すると海面が波となって四方に広がっていきます。まるで石を水面に投げいれたように。これが「津波」です。

津波の伝わるはやさは海の深さによりことなり、海が深いほどはやくなります。下は、津波のはやさをしめすイラストです。

津波のおそろしさ

津波がおそろしいのは、なんといってもその高さ！ 1960年のチリの巨大地震により発生した津波は、地震発生のおよそ23時間後に東北地方に到達。宮城県女川では4.2mの高さとなりました。また、同じ女川が、東日本大震災（→右ページ）では最大津波高14.8m、最大浸水高18.5m、陸地の斜面をかけあがった津波の高さ（遡上高）も34.7mを記録しました。

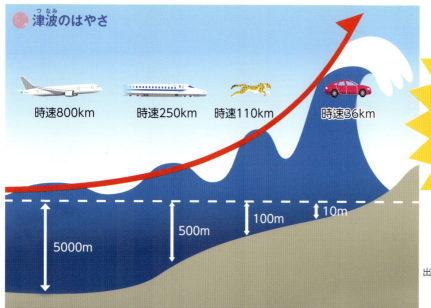

● 津波のはやさ

時速800km　時速250km　時速110km　時速36km

10m　100m　500m　5000m

水深が浅いところでは津波のはやさがおそくなるといっても、人が走ってにげきれるものではない。海岸付近で地震を感じたり、津波警報を聞いたらとにかくはやくにげること！

出典：気象庁ホームページ

東日本大震災の巨大津波

東日本大震災は、2011年3月11日14時46分ごろに発生。三陸沖の宮城県牡鹿半島の東南東130km付近で、深さ約24kmを震源とする地震でした。マグニチュードは、9.0で、日本国内観測史上最大規模（1952年カムチャッカ地震と同じ）の地震でした。

この地震により、巨大津波が発生。岩手県、宮城県、福島県を中心とした太平洋沿岸部をおそいました。津波の高さは、福島県相馬では9.3m以上、岩手県宮古（下の写真）で8.5m以上、大船渡で8.0m以上、宮城県石巻市鮎川で8.6m以上などが観測されました。遡上高では、国内観測史上最大となる40.5mが岩手県宮古で観測されました。

国土地理院によると青森県、岩手県、宮城県、福島県、茨城県、千葉県の6県62市町村における浸水はんいの面積は合計561km^2（山手線の内側の面積の約9倍）となりました。

東日本大震災をこえる津波がくる？

2022年5月10日、宮城県が「東日本大震災のおよそ1.2倍の浸水面積が想定される」と、新たな津波浸水想定を公表。東北大学災害科学国際研究所の今村文彦先生（→p25）は、テレビで「3.11を経験したので、あれが最悪だとわれわれは思いがちだが、将来の可能性を考えるとさらにきびしい状況もある」と警鐘をならしました。また、津波浸水想定とともに、想定される最大津波高も市町村ごとに発表されました。

▲テレビ、新聞など多様なメディアで津波への注意をよびかける今村文彦先生。

▼2011年3月11日、巨大津波が防潮堤をこえた瞬間（岩手県宮古市田老）。

写真提供（p20, 21）：東北地方整備局震災伝承館

2② 津波の防災のようす

津波の被害を軽減するには、一刻もはやい予測がいちばん！ そのため、地震が起こるとテレビなどが津波の有無を報じ、日本列島の各地に何時ごろに、どのくらいの高さの津波がくるか？ 避難のよびかけをおこないます。

気象庁の「津波予報データベース」

気象庁は「津波予報データベース」をつくりあげて、発生した震源の位置や規模により、どこに・どのくらいの高さの津波がいつ到達するかを知らせるシステムをつくっています。

いまの日本では、これが津波対策の最前線の現場。具体的には、気象庁は、地震観測データを24時間リアルタイムで監視。地震の発生を感知すると、震源の位置や地震の規模を推定。その結果を「津波予報データベース」で検索して、66にわけた全国の沿岸について、大津波警報、津波警報、津波注意報（→下の表）を発表。地震発生後、約3分を目標に発表できるようにしています。

これらはただちに防災関係機関や報道機関に提供され、テレビ、ラジオ、防災無線などをとおして、一般の人や、船舶に伝達されます。

もとより、津波の規模はおもに地震の規模（マグニチュード→p30）によって決まります。

また、同じ震源、同じマグニチュードでも断層が上下にずれると大きな津波が発生し、横にずれた場合は津波は発生しにくい傾向があるとのことです。

津波警報・注意報の種類

種類	発表基準	発表される津波の高さ 数値での発表（予想される津波の高さ区分）	巨大地震の場合の発表	想定される被害と取るべき行動
大津波警報	予想される津波の最大波の高さが高いところで3mをこえる場合。	10m超（10m＜予想される津波の最大波の高さ） 10m（5m＜予想される津波の最大波の高さ≦10m） 5m（3m＜予想される津波の最大波の高さ≦5m）	巨大	巨大な津波がおそい、木造家屋が全壊・流失し、人は津波による流れにまきこまれます。沿岸部や川ぞいにいる人は、ただちに高台や避難ビルなど安全な場所へ避難してください。
津波警報	予想される津波の最大波の高さが高いところで1mをこえ、3m以下の場合。	3m（1m＜予想される津波の最大波の高さ≦3m）	高い	標高の低いところでは津波がおそい、浸水被害が発生します。人は津波による流れにまきこまれます。沿岸部や川ぞいにいる人は、ただちに高台や避難ビルなど安全な場所へ避難してください。
津波注意報	予想される津波の最大波の高さが高いところで0.2m以上、1m以下の場合であって、津波による災害のおそれがある場合。	1m（0.2m≦予想される津波の最大波の高さ≦1m）	（表記しない）	海のなかでは人ははやい流れにまきこまれ、また、養殖いかだが流失し小型船舶が転覆します。海のなかにいる人はただちに海から上がって、海岸からはなれてください。

出典：気象庁ホームページ

津波から身を守るには

　津波対策は、左ページでふれた気象庁をはじめ、政府、自治体、大学などでさまざまな研究や取り組みがおこなわれています。

　しかし、津波から自らの身を守るのは、巻頭特集から見てきたとおり、やはり個人！　津波から命を守るにはわたしたちひとりひとりがどう行動するかにかかっています。

「津波の心得5か条」

　東南海・南海地震（→p30）が同時発生した場合、大きな津波の来襲が予想されている和歌山県串本町（→p28）では、「津波の心得5か条」をかかげています。

> 津波の心得5か条（和歌山県串本町）
>
> 第一、「地震が起きたら、まず避難」
> 第二、「津波はくりかえし来襲します」
> 第三、「情報を待っていては、にげおくれます」
> 第四、「家族で話しあっておきましょう」
> 第五、「津波は引き潮からはじまるとはかぎりません」

▲この串本町の「津波の心得5か条」は、海岸に面した地域では、どこにでも当てはまる心得。一方、それぞれの自治体でも、さまざまな心得をつくり市民によびかけている。
出典：内閣府防災情報のページ

気象庁の現場

　気象庁では、津波警報を発表したあとも地震の分析をつづけ、津波の予測を順次更新している。実際に観測された津波を解析することにより、津波警報・注意報を切りかえたり解除したりする。近年、気象庁は津波予測の精度向上や津波情報の充実のために、シミュレーションで用いる計算方法の改良、津波観測地点の増加、衛星を用いた海上での波の変化を計測するGPS波浪計（→p30）のデータの活用といった対策もしている。

津波てんでんこ

　「津波てんでんこ」とは、「津波がきたら、各自てんでんばらばらににげろ」という三陸地方の言い伝え。東日本大震災の際、岩手県釜石市の小中学生が、この「津波てんでんこ」の教えを実践したことにより、多くの命が助かった事例は「釜石の奇跡」といわれている。その一方で「津波てんでんこ」という言葉がひとり歩きをしたことで、「自分だけが助かればよい」という意味で誤解されることもある。巻頭特集で紹介した片田先生は、「この言葉は、家族の信頼関係があってこそのもの。家族全員が自分でにげているはずと信じられるからこそ、てんでんこが成りたつのです」と語っている。

▲高台をめざし、避難する子どもたちを見て、近くに住む大人たちも避難をはじめた（岩手県釜石市）。

3 防災現場の最前線で働く人からのメッセージ

ここからは、地震や津波、火災をはじめとする地震の二次被害を少しでも軽減しようと、さまざまな防災のしごとをする人たちの話を聞いてみましょう。巻頭特集で紹介した市野さんへの質問と同じような質問をしてみます。

❶ いつ巨大地震が起きてもだいじょうぶなように

気象庁地震火山部管理課　石橋 桜さん

気象庁は、地震や津波による災害を減らすために、全国の地震・津波を常に監視し、緊急地震速報や津波警報などを発表しています。

①必ずやってくる巨大地震について

いまの科学では、残念ながら、地震や津波がいつどこで起こるのか正確なことはわかりません。気象庁では、地震や津波を常に監視していますが、ほとんどの場合、地震はなんの前ぶれもなく起こるので、起こってから警報などを出すことになります。警報を見聞きしたときやゆれを感じたときはすぐに身を守るようにしましょう。

②石橋さんは、巨大地震がこわくないですか？

とてもこわいです。こわいからこそ、いざというときにパニックにならないように、事前に準備しておくことがだいじだと思います。気象庁が出している警報や注意報は、その「いざというとき」に受けとるものです。あせった状態で受けとると、恐怖だけが増してしまうかもしれません。落ちついてすばやく身を守り、その後の避難行動につなげるためにも、ふだんからの備えをしっかりとしてほしいです。

③石橋さんは、いつもどのような思いで防災のしごとをしていますか？

気象庁が出す情報は、たったひとつでも、何万人もの人の行動に影響をあたえます。地震が起きたらすぐに情報を出しますが、まちがえることはゆるされません。そのためとても重い責任を感じます。しかし逆にいうと、責任重大な政府としての言葉だからこそ、たくさんの人が信頼してくれて、たくさんの人の命を守れるのだと思います。そのことに誇りをもってしごとをしています。

④石橋さんが、みんなにいちばんいいたいことはなんですか？

地震や津波など、みなさんがこわがるような現象について、世のなかには、恐怖をあおるような話や、本当かわからない情報が流れることがあります。余計な情報にまどわされず、こわがるべきときに正しくこわがることが、みなさんや、みなさんのだいじな人を助けることにつながります。そのためには、知識を身につけることが大切です。わかっていることだけでなく、いまの科学ではわからないことはなにか、ということもよく学んでみてください。

▲地震の波形を確認する石橋さん。

▶防災の取り組みについて話し合いをおこなうようす。

❷ 東日本大震災の津波をこえる巨大津波がくるという

東北大学災害科学国際研究所　今村文彦さん

東北大学は、東日本大震災の被害を受けた宮城県仙台市にありますが、その研究活動は全国的。2024年の元日に発生した能登半島地震の研究もおこなっています。その研究所の今村先生は、近い将来、地元仙台市ほかが、東日本大震災の規模をこえる津波におそわれることを心配しています。

①必ずやってくる巨大津波について

約30年前に東北大学で「津波工学」という新しい研究分野を立ちあげて、津波の発生や伝播のしくみ、予測の技術開発、被害軽減のための総合対策を研究しています。2004年のインド洋大津波や2011年の東日本大震災での経験や得られた知見を活用して、想定される津波の規模や被害推定の支援をしています。とくに、津波のシミュレーションなどを使って、みなさんが直接見てわかるようなCGや動画の提供をしています。

▲東日本大震災後の被災調査のようす。

②今村さんは、巨大地震・津波がこわくないですか？

過去の地震・津波の実態を知れば知るほど、こわいです。たとえば、先人たちが残した古文書などの資料によれば、津波を「血波」という表現で記述しているものもあります。災害の実態を伝えるためにも名称は重要ですが、はじめてこの言葉を知ったときは大きな衝撃を受けました。いまや、津波という言葉は「Tsunami」として国際語になり（→p20）、世界各地で紹介され、津波という現象を適切にしめすものですが、そのこわさを十分に理解することは簡単ではありません。そのなかで、「血波」という名称は、まさにその殺人的な姿を知り、想像することができます。先人の思いを学びました。

③今村さんは、いつもどのような思いで防災の研究をしていますか？

地震や津波などの自然災害は「いつ、どこで発生するのか？」を正確に予知することはできませんが、過去の記録やデータにより、一定のくりかえしが見られる場合が多くあります。過去に起きたことは、将来も起きる可能性があるのです。このことを基礎に、過去の出来事や被害の状況を知り、将来に備えるための具体的な知識や情報をみなさんにお伝えすることを大切にしています。

④今村さんが、みんなにいちばんいいたいことはなんですか？

知識は命を救います。わが国にあるたくさんのデータや情報から、自然災害の基礎を学び、被害をふくめて、どのようなことが過去に起き、どのような対策をしていたのかを知り、今後どのような対策をすべきなのか？　を考えてもらいたいと思います。とくに、知識は過去だけでなく将来も想像するような智恵やヒントをふくんでいます。知識があれば、突然災害が発生しても、冷静に正しい判断と行動を導くことができるはずです。ぜひ、災害や防災の知識を得て、さらに、防災訓練など現場での経験により判断力を養ってもらいたいと強く思います。

▲インドネシアでおこなった被災調査。

❸ 東海地震、東南海・南海地震の震源は海洋の下、だから

JAMSTEC（海洋研究開発機構） 有吉慶介さん

M8をこえる巨大地震の震源域のほとんどは海底下に広がっています。海底下の地殻や海水の動きをリアルタイムに観測し、その観測データにもとづいて、巨大地震や津波などを予測するしくみを研究しているのが、JAMSTEC。その研究者のひとり、有吉慶介さんは、近い将来に海溝型巨大地震が発生すると指摘されている南海トラフぞいでの地震活動・海底地殻変動をモニタリングするなどの研究をおこなっています。

① どんなことをしているのですか？

JAMSTECは、2004年12月に発生したスマトラ島沖地震（M9.0）をきっかけに、世界各国の研究チームと協力して地震・津波観測監視システム（DONET）とよばれるケーブル式の観測網を紀伊半島沖の海底に設置。さらにその近くでは、海底下深くにうめた地震計・水圧計での観測もはじめました。緊急地震速報や津波警報だけでなく、南海トラフ地震臨時情報（→p30）などに活用されています。わたしはこうした観測データから海底地殻変動を高精度で検出する解析手法の研究を進めています。

② 有吉さんは、巨大地震がこわくないですか？

こわいと思う気持ちは、日本人だけにかぎらず、世界じゅうのみなさんも感じています。そのためほかの地域で起きた地震はとても参考になります。DONETなどの観測データは公開されていて、世界じゅうの研究者が日本の地震を調べていますし、日本の研究者も海外で起きた地震を調べています。こうして「どういう過程で海溝型巨大地震が起きるのか？」というなぞが少しずつ解明されたり、早期検知するべく最先端の観測装置という武器が備わったりするたびに不思議と勇気がわいてきます。

▶ JAMSTEC横浜研究所にあるDONETバックアップサイト。ここに地震計や津波計による観測データが生中継される。

③ 有吉さんは、いつもどのような思いで地震の研究をしていますか？

観測装置の開発・設置・維持には運転資金が必要です。海底は、陸上よりもずっと費用がかかります。東日本大震災の直後、親交のあった被災者から「そんなお金があるんだったら、住宅でも建ててくれたほうがよっぽど助かるのに」といわれたとき、わたしは返す言葉がありませんでした。その後、わたしたちの研究が、新聞で紹介されたりしていくうちに、その人たちからも、だんだんと応援してもらえるようになりました。こうした雪解けがあっても、当時の言葉を胸に、自問自答をくりかえしながら研究をつづけています。

④ 有吉さんが、みんなにいちばんいいたいことはなんですか？

地震に関心をもったきっかけは、1995年1月の阪神・淡路大震災（→p10）でした。当時、大学生のわたしは、テレビのない生活で、聞いていたラジオ番組が中止となり、行方不明者の名前をずっと読みあげていたのを覚えています。3月、父がしごとの関係で現場視察にいくと聞き、自分もこの目で見たいと同行し、惨状を目の当たりにしました。こうして地震防災のむずかしさを肌身で感じるうちに、だったら自分でも挑戦してみようという気持ちが芽生えました。自分になにができるのか？ みなさんも、身のまわりの経験から感じとってもらえればと思います。

▼ 太平洋津波警報センターのようす。日本と海外では地震や津波を検知する方法がことなるため、機会があれば情報交換をおこなう。

防災現場の最前線で働く人からのメッセージ

❹ 首都直下地震対策について

東京都総務局総合防災部防災計画課　鬼澤りかさん

東京都では、「この10年間のさまざまな変化や最新の科学的知見をふまえ、首都直下地震（→P30）等発生時の被害の全体像を明確化するとともに、今後の都の防災対策の立案の基礎とするため、被害想定を見直すこととした」とし、「首都直下地震等による東京の被害想定」を発表。

①必ずやってくる首都直下地震について

首都直下地震は、都内で発生する可能性のある最大規模の地震です。マグニチュードは7クラスで、都内の広いはんいが震度6強以上の地震に見まわれます。首都直下地震が起こる確率は「30年以内に70％程度」といわれています。

わたしたち総合防災部では、首都直下地震やそのほかのさまざまな災害に備えるため、防災に関する計画をつくったり、区市町村などと協力して防災訓練を実施したりするなど、都民のみなさんが安心して過ごせる「災害に強い東京」をつくる取り組みをおこなっています。

③鬼澤さんは、いつもどのような思いで防災のしごとをしていますか？

防災は、都民のみなさんの命を守る大切なしごとです。災害による被害をどうやったら減らすことができるか、災害が起こったときにどのように都民のみなさんを守るのかなど、いろいろな部署や立場の人たちと協力して進めています。ときには自分とちがう意見や考えをもった人としごとをすることもあります。それでも、みなさんが、いつも安全・安心に過ごせるように、自分にできることはなにかを常に考えながら、誇りをもってしごとに取りくんでいます。

▲防災計画課では震災、風水害、火山噴火など災害の種類ごとに、防災に関する計画をまとめた冊子を発行。

▲鬼澤さんの働く防災計画課では、「東京被害想定マップ」をはじめとしたさまざまなデータをもとに防災計画を練っている。

②鬼澤さんは、巨大地震がこわくないですか？

なにも備えていなければ、巨大地震はおそろしいです。地震が起こったとき、自分や家族、友だちを守るためには、いまのうちからしっかりと備えておくことが大切です。たとえば、防災訓練などに参加し、学校の先生や友達と、身を守るための行動や避難方法などについてしっかり確認しておくこと、また、家族との連絡手段を確保しておくことで、落ちついて行動ができるようになります。家庭で水や食料、携帯トイレなどの必要な備蓄をしっかり進めておくことも重要です。

④鬼澤さんが、みんなにいちばんいいたいことはなんですか？

地震は、いつ起きてもおかしくありません。いざというときのために、いまから準備しておきましょう。どうやったら自分の身を守れるのか、家族とどのように連絡をとるのかなどについて、家族で話しあっておきましょう。また、地震が起きたときに家具がたおれてきたり、ものが散らばったりするのを防ぐため、家具の固定や部屋をきれいに整頓しておくなど、ふだんからできることをいますぐはじめていきましょう。

⑤「津波の心得5か条」をつくった本州最南端のまち

串本町総務課防災・防犯グループ　新谷和紀さん

和歌山県串本町は、必ずやってくる南海トラフ地震による津波が最大波高18m（和歌山県発表では17m）と想定。「津波の心得5か条」（→p23）がしめすとおり「地震が起きたら、まず避難」を、市民に徹底しています。

①必ずやってくる巨大地震について

避難経路、食糧などの備蓄物資、家族との連絡方法の確認、家具の固定など、いざというときにすばやく避難するための準備をしてほしいです。

②新谷さんは、巨大地震がこわくないですか？

巨大地震では、いままで経験したことのないゆれや津波が起きる可能性があるといわれているので、大変こわいです。

③新谷さんは、いつもどのような思いで防災のしごとをしていますか？

地震や津波などの災害の発生に備え、住民のみなさんの安全につながる取り組みをできるかぎりたくさんしていきたいと思いながらしごとをしています。

④新谷さんが、みんなにいちばんいいたいことはなんですか？

自分の住む地域にどのような災害の危険性があるのか自治体のサイトなどで調べてみてほしいです。

⑥小中学生の歌「ありがとうの手紙　#Thank You From KAMAISHI」

釜石市教育委員会　和田智恵さん

2011年の東日本大震災で、全国からさまざまな支援をいただいたことへの感謝として、釜石市内の小中学生が2019年、「ありがとうの手紙　#Thank You From KAMAISHI」という歌をつくりました。

①歌ができるまでについて

2019年に釜石市で開催されたラグビーワールドカップがきっかけです。「おとずれた方がたや世界じゅうの方がたに、東日本大震災の支援に感謝の気持ちを伝えたい」という子どもたちの思いから歌をつくることになりました。「歌をとおして感謝の思いを伝え、地域で歌いつがれる歌に！」という思いをこめました。

②和田さんは、いつもどのような思いで防災のしごとをしていますか？

どこにいても、自分やまわりの人の命を守る行動がとれるように、防災教育は絶対に必要だと考えます。東日本大震災での経験を伝えていくとともに、人と人とのつながりの大切さについても、子どもたちに伝えたいと思いながらしごとをしています。

③和田さんが、しごとをするうえで大切にしていることはなんですか？

災害への危機感や備えの重要性はもちろんですが、地域のよさを知り、人の温かさを感じながら防災教育を推進したいと考えています。みなさんには、生まれ育ったふるさとを愛し、災害時には地域と連携して自分やまわりの人の「いのち」を守る行動がとれるようになってほしいです。

「ありがとうの手紙　#Thank You From KAMAISHI」
（作詞：かまいし絆会議、下山和也　作曲：佐藤将展）

僕たちがまだ小さかった頃　この町に悲しみがやってきました
灯りも笑顔も失ったとき　トラックに乗って　世界中の想いが届いたんだ
顔も名前もわからないけど　みんなが応援してくれました
あたたかい気持ちは絆となって　釜石の町に　たくさんの希望が生まれたよ
ありがとう　ありがとう　ありがとう　何度言っても足りないよ
ありがとう　ありがとう　ありがとう　ずっとずっと忘れないよ
（歌詞の一部分を抜粋）

※釜石市では「釜石の奇跡」を「釜石の出来事」としている。

防災現場の最前線で働く人からのメッセージ

防災士になるには

防災士の資格を取ると、災害時には地域社会の防災リーダーとして救助活動や被災者ケア、避難所運営などにたずさわれます。その資格を取るにはどうすればよいのでしょうか？

「防災士養成研修講座」

防災士になるには「日本防災士機構」がおこなう「防災士資格取得試験」に合格することが必要です。

その試験を受けるには「日本防災士機構」がみとめた研修機関が実施する「防災士養成研修講座」を受講して「研修履修証明」を取得しなければなりません。また、全国の自治体、地域消防署、日本赤十字社などが主催する「救急救命講習」を受け、その修了証を取得する必要があります。

試験は、50分間で、三者択一形式（3つの選択肢のなかからひとつを選ぶ）。問題は30問あります。出題はんいは「防災士教本」の内容です。8割以上（24問）の正解で合格です。

巻頭特集で紹介した市野さんは小学1年生で、見事合格！ テレビや新聞でも紹介されました。

この本を読んだみんなが、防災士に興味をもった場合、まずは「日本防災士機構」のホームページを確認することからはじめるとよいでしょう。

下の写真は、市野さんが教本を勉強しているようすです。

▶市野さんは、教本に出てくるむずかしい漢字にふりがなをふって勉強したという。

▶被災地での清掃活動をおこなう防災士の人びとのようす。

用語解説

本文中（p10〜29）に出てくる言葉のなかで、さらにくわしい解説が必要なものを掲載しています。

マグニチュード（M）
................10、13、16、21、22、26、27

地震の規模（大きさ）をあらわす単位。「M7.0」というように、数値の前にMの記号をつけてしめす。マグニチュードが1大きくなると、エネルギーは約32倍、2大きくなると1000倍にもなる。

震度
................11、13、17、27

ある場所における地震のゆれの強弱の程度をあらわしたもの。震度をあらわす尺度を震度階級といい、日本では、気象庁が定めた10段階（0、1、2、3、4、5弱、5強、6弱、6強、7）の震度階級が用いられている。震度は、全国に4000か所以上ある計測震度計で自動的に観測している。

ライフライン
................13

ライフライン（lifeline）は、「命綱」を意味するほか、「電気」「ガス」「上下水道」「通信」などのことをさす言葉。また、ライフラインには道路や鉄道など輸送に関するものもふくまれる。

本震
................13

ある場所で、一定の期間内に連続して起きた地震のうち、もっとも大きな地震のこと。本震につづく小さな地震を余震という。

東南海・南海地震
................23、26

静岡県から西の太平洋岸では、フィリピン海プレートが南から日本列島の下にしずみこんでいて、100〜150年の間かくで大地震がくりかえし起こっている。ここで起こる地震は、その発生場所から「南海」「東南海」「東海」の3つに区分されていて、3つの地震は、連動して起こる可能性があるといわれている。最近では1944年に東南海地震が、1946年に南海地震が発生した。

GPS波浪計
................23

衛星測位システムを用いて、海洋上にうかぶブイの上下の動きを高精度で計測し、波浪や潮位を観測する装置のこと。地震発生時には、沖合の津波情報を観測できることから、津波の防災に活用されている。

南海トラフ地震臨時情報
................26

南海トラフ（静岡県の駿河湾沖から九州の日向灘沖にかけての広い沖合を細長く走る海底の谷）にそって異常な現象が観測された場合や、M6.8以上の地震を観測したとき、巨大地震発生の可能性がふだんより高まっていると評価された場合に気象庁から発表される情報のこと。情報名のあとに、「調査中」「巨大地震警戒」「巨大地震注意」「調査終了」のキーワードをつけて発表される。気象庁は、2024年8月に発生した日向灘を震源とする地震を受け、「南海トラフ地震臨時情報（巨大地震注意）」をはじめて発表した。

首都直下地震
................27

東京都をふくむ首都地域を震源として起こるM7クラスの大規模な直下型地震のこと。この地震が発生した場合、東京都心部を中心に広いはんいにわたって甚大な被害が出るといわれている。最悪の場合、死者はおよそ2万3000人、経済被害は95兆円に達すると想定される（2013年内閣府公表）。

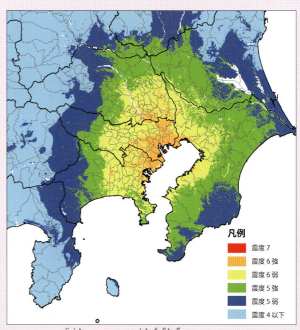

▲首都直下地震を想定した震度分布。

出典：内閣府防災情報のページ

さくいん

あ行
一次災害 ……………………… 10、11、12
一時避難場所 …………………………… 19
インフラ ……………………… 10、12、13
液状化現象 ……………………………… 11
大阪府北部の地震 ……………………… 15
大津波警報 ……………………………… 22
お・は・し・も …………………………… 18

か行
核 ………………………………………… 14
火災 …………… 4、5、10、12、13、19、24
活断層型地震 …………………………… 15
釜石の奇跡 ………… 2、3、4、23、28
関東大震災 ……………… →大正関東地震
気象庁 …………… 16、17、22、23、24、30
緊急地震速報 ………………… 17、24、26
熊本地震 ………………………… 15、17
広域避難場所 …………………………… 19

さ行
在宅避難 ………………………………… 5
3.11 ……………………… →東日本大震災
GPS波浪計 …………………… 23、30
地震観測網 ……………………………… 16
地すべり ………………………………… 11
首都直下地震 ………………… 27、30
震源 …………… 13、17、21、22、26
震度 …………… 11、13、17、27、30

た行
大正関東地震（関東大震災）…………… 12
断水 ………………………………… 12、13
地殻 …………………………… 14、15、26
津波警報 …………………… 20、22、26
津波注意報 ……………………………… 22

な行
津波てんでんこ ………………………… 23
津波の心得5か条 ……………………… 23
津波予報データベース ………………… 22
東南海・南海地震 ……………… 23、26、30

な行
南海トラフ地震臨時情報 ……… 26、30
新潟県中越地震 …………………………… 15
二次災害 ……………………… 10、12、13

は行
ハザードマップ ………………………… 5
パンゲア大陸 …………………………… 14
阪神・淡路大震災 ……… 10、12、15、26
東日本大震災（3.11）
　……… 2、4、13、20、21、23、25、26、28
避難所 ……………………… 2、5、13、29
避難の三原則 …………………………… 3
プレート ………………………… 14、15
プレート境界型地震 …………………… 15
防災士 ……………………… 3、4、5、29
北海道胆振東部地震 …………………… 15
本震 ……………………………… 13、30

ま行
マグニチュード
　………… 10、13、16、21、22、26、27、30
マントル …………………………… 14、15

や行
余震 ……………………… 10、12、13、30

ら行
ライフライン …………………… 13、30

■著
稲葉　茂勝（いなば　しげかつ）
1953年、東京都生まれ。東京外国語大学卒。編集者としてこれまでに1500冊以上の著作物を担当。自著も100冊を超えた。近年子どもジャーナリスト(Journalist for Children)として活動。2019年にNPO法人子ども大学くにたちを設立し、同理事長に就任して以来「SDGs全国子ども大学運動」を展開している。

■編
こどもくらぶ（成田夏人）
あそび・教育・福祉の分野で子どもに関する書籍を企画・編集している。図書館用書籍として年間100タイトル以上を企画・編集している。主な作品は、「未来をつくる！ あたらしい平和学習」全5巻、「政治のしくみがよくわかる 国会のしごと大研究」全5巻、「海のゆたかさをまもろう！」全4巻、「『多様性』ってどんなこと？」全4巻、「夢か現実か 日本の自動車工業」全6巻（いずれも岩崎書店）など多数。

■デザイン
株式会社今人舎（矢野瑛子）

■DTP
株式会社今人舎（菊地隆宣）

■イラスト（巻頭特集）
やまなかももこ

■校正
鷗来堂

■写真提供
表紙 , p7, 20, 21：東北地方整備局震災伝承館
裏表紙 , p24：気象庁
p1, 29：日本防災士機構
p3, 23：東京大学総合防災情報研究センター
　片田敏孝
p6, 15：長岡市
p25：東北大学災害科学国際研究所 今村文彦
p26：国立研究開発法人海洋研究開発機構
　有吉慶介
p27：東京都
p28：串本町 , 釜石市教育委員会

■写真協力
表紙 , p10：写真：HOSAKA NAOTO/
　GAMMA/ アフロ
p1, 13：東日本大震災アーカイブ宮城
　利府町 教育総務課 総務給食班
p4, 5, 29：石井大暉
p7, 11, 12：神戸市
p11, 12：気象庁ホームページ,
　Paylessimages – stock.adobe.com
p14：TarikVision – stock.adobe.com

この本の情報は、2024年12月までに調べたものです。今後変更になる可能性がありますので、ご了承ください。

専門家たちが語る 防災意識を高める本　①地震と津波　　NDC369

2025年1月31日　　第1刷発行

著　　　稲葉茂勝
編　　　こどもくらぶ
発行者　小松崎敬子
発行所　株式会社 岩崎書店　〒112-0014　東京都文京区関口2-3-3 7F
　　　　　　　　　　　　　電話　03-6626-5080（営業）
　　　　　　　　　　　　　　　　03-6626-5082（編集）
印刷所　株式会社精興社　　製本所　株式会社若林製本工場

©2025 Inaba Shigekatsu　　　　　　　　　　　　　　　　　　　　　32p 29cm×22cm
Published by IWASAKI Publishing Co., Ltd. Printed in Japan.　　　　ISBN978-4-265-09227-7
岩崎書店ホームページ　https://www.iwasakishoten.co.jp
ご意見、ご感想をお寄せ下さい。E-mail　info@iwasakishoten.co.jp
落丁本、乱丁本は送料小社負担でおとりかえいたします。
本書のコピー、スキャン、デジタル化等の無断複製は著作権法上での例外を除き禁じられています。本書を代行業者等の第三者に依頼してスキャンやデジタル化することは、たとえ個人や家庭内での利用であっても一切認められておりません。朗読や読み聞かせ動画の無断での配信も著作権法で禁じられています。

専門家たちが語る 防災意識を高める本

著・稲葉茂勝 子どもジャーナリスト
編・こどもくらぶ

全3巻

1 地震と津波
2 豪雨と水害
3 火山と火災